AF375804

LE VÉLOCIPÈDE

SA STRUCTURE

SES ACCESSOIRES INDISPENSABLES

Le moyen d'apprendre à s'en servir en une heure

PAR

A. FAVRE

Fabricant à VOIRON (Isère)

BREVETÉ S. g. d. g.

DEUXIÈME ÉDITION AUGMENTÉE

MARSEILLE.

TYP. ET LITH. BARLATIER-FEISSAT PÈRE ET FILS,
Rue Venture, 19.

—

1868.

AVANT-PROPOS.

Lorsqu'en janvier 1868 j'écrivis mon opuscule sur le Vélocipède, j'étais encore sous la pénible impression que m'avait produite la quantité de badauds, qui les uns me prenant pour un fou, attendaient, pour rire davantage, de me voir rompre le cou ; les autres se contentant de me lancer du haut de leur dédain quelques phrases qui témoignaient de leur profond mépris pour un instrument aussi ridicule.

J'écrivis donc pour me faire juger par l'opinion publique ainsi que l'instrument dont je m'étais affolé. Le résultat, je peux le dire, a dépassé mon attente et il m'a été permis de constater, non sans une vive satisfaction, que le nombre des hommes qui pensent et jugent avec réflexion n'est pas aussi restreint qu'on pourrait bien le croire.

Je reçus de toutes parts une foule de lettres émanant de gens érudits, à en juger par la nature de leurs réflexions et de leur style, et tous désireux de faire connaissance avec le Vélocipède.

A Valence, il se forma un *Véloce-club* qui comptait parmi ses membres toutes les professions libérales : avocats, avoués, médecins, banquiers, tous montaient sur cet instrument qui sert encore de risée à certains petits écrivailleurs dont la mission est de noircir du papier pour l'usage de ceux qui aiment à lire peu et surtout à rire de peu.

Les demandes qui me furent faites me montrèrent combien étaient insuffisantes les ressources que j'avais à Voiron et dans les environs pour y faire fabriquer des Vélocipèdes en quantité.

L'amour du lucre s'en mêla, et ceux qui travaillaient pour moi, à qui j'avais fait modifier, non sans peine, toutes les pièces d'un Vélocipède, comprirent enfin que la peine que j'avais prise pour le répandre devait nécessairement donner un profit et qu'il n'y avait rien de plus simple que que de s'appliquer ce profit.

J'avais de la peine à livrer parce qu'on ne me livrait pas, finalement on parla d'augmentation de prix et je dus me tourner vers un centre d'industrie qui me permit de trouver, avec un outillage en rapport avec l'importance de mon commerce, une dose de délicatesse sans laquelle toute relation d'affaires devient impossible.

Je me rappelai de Lyon, ma ville natale, je me souvins de mes anciens collègues de l'école La Martinière. École trop peu appréciée de nos jours et dont le fondateur devrait compter plus d'imitateurs.

La Martinière, ce berceau de l'enfant du pauvre, où il reçoit gratuitement le pain de la science, donné par les hommes les plus érudits de la cité ; asile où se développe l'intelligence par la théorie et la pratique des arts et métiers industriels ; nid fécond d'où s'échappe chaque année un essaim de plébéiens riches d'avenir et d'espérance, parce qu'ils sont riches de savoir ; parce qu'en mettant à profit le bien qu'on leur a donné, ils peuvent devenir par la science et le travail d'excellents industriels, non pas en exploitant l'ouvrier et le

considérant comme une machine, ainsi que cela
se pratique trop souvent, mais bien en le considérant comme un ami auxiliaire; l'un est la tête
et l'autre est le bras : tous deux sont de même
origine et s'en souviennent.

On ne t'élèvera jamais de statue, à toi, Martin,
qui nous a affranchis. Tu as brisé nos chaînes en
développant notre intelligence; tu nous as permis
de lire dans le livre de la nature et d'apprendre
à aimer l'homme parce qu'il est notre semblable,
à secourir le faible parce qu'il est opprimé. Ton
œuvre ne trouve plus d'imitateurs, elle est cependant bien grande et bien belle, il faut donc que
l'indifférence efface l'amour de l'humanité ou bien
que les ingrats soient ici bas en grand nombre.

Il n'est pas besoin de statues pour perpétuer
ton nom. Il vivra autant que nous dans nos cœurs,
et comme ton œuvre est impérissable, ton nom
est éternel; rien ne peut étouffer ta mémoire.
Nous nous souviendrons que Martin, l'enfant du
pauvre, une fois parvenu aux honneurs et à la
fortune, a doté sa ville natale d'une somme con-
sidérable qui devait avoir pour but de fonder une

école scientifique, laquelle serait ouverte seulement aux enfants pauvres de la cité.

Je vins donc à Lyon et là je trouvai des hommes intelligents qui, non-seulement mirent leurs ateliers à ma disposition mais encore consentirent à modifier leur outillage, déjà très-complet, afin de produire bien et beaucoup. La vapeur vint nous apporter son concours, et dans l'espace de six mois tout fut prêt.

Depuis un an j'ai livré environ deux mille Vélocipèdes; de propagateur que j'étais, je suis devenu constructeur, et afin que les imitateurs ne puissent pas impunément profiter du résultat de mes recherches, j'ai dû prendre des brevets pour les pièces qui ont été modifiées et qui sont indispensables. Ce résultat, je le dois à tous ceux qui m'ont apporté leurs encouragements, je suis heureux de leur en témoigner ici toute ma reconnaissance : ce résultat est la seule réponse à faire à la série de crétins, partisans de la routine, qui, au début de mes essais, se riaient de mes efforts et croyaient étouffer sous le ridicule une idée nouvelle.

Tout n'est pas dit sur le Vélocipède, non-seu-

lement sur ce bicycle, mais encore sur les loco-
moteurs à trois et à quatre roues.

J'ose avancer ici que dans moins d'un demi-
siècle les moyens de locomotion seront complètement changés et je soutiens qu'il sera aussi facile
d'appliquer de la carrosserie de luxe à une loco-
mobile qu'à une caisse traînée par des chevaux
fringants. Les accidents seront moins fréquents,
et ces nouveaux moteurs demanderont pour évoluer
beaucoup moins d'espace. En effet, les chevaux
tiennent plus de place que le véhicule, ce serait
donc autant de gagné si on les supprimait. Cela
aurait en outre l'avantage de diminuer considéra-
blement les frais d'entretien de nos routes, car le
cheval, par l'effort qu'il fait avec le pied détériore
davantage la route que le véhicule lui-même et
son poids.

Lorsque les hommes ont à leur service la vapeur,
l'électricité, la force d'extension de tous les gaz,
il est permis d'espérer qu'avec un peu d'étude,
si on ne voit pas disparaître les conducteurs de
voitures, on verra tout au moins un jour disparaître
les conducteurs de chevaux, et pour ma part

j'avoue que je n'en serai pas désolé : je laisse au temps et à l'expérience le soin de justifier ce que j'avance.

La série de modifications apportées au Vélocipède m'a obligé de faire une deuxième édition de ma première brochure afin de faire connaître au lecteur le résultat acquis.

Ainsi, au moyen des nouveaux graisseurs établis, l'huile ne peut en aucune façon communiquer avec le bois, et le propriétaire de l'instrument n'est pas tenu de graisser tous les jours, mais bien seulement tous les quinze jours une fois ; cela donne le double avantage de conserver les roues beaucoup plus longtemps et évite le désagrément d'avoir constamment une burette avec soi.

J'ai eu un moment l'intention de répondre à tous les journaux qui critiquaient le Vélocipède, mais j'aurais eu trop à faire, j'ai laissé au temps le soin de répondre et il a répondu victorieusement. Parmi tous ces petits journaux, il en est un seul dont l'appréciation m'a été réellement pénible. Je veux parler du *Petit Journal*, dans son numéro du 4 juillet.

Timothée Trimm, ce lion des journalistes, ce publiciste qui trouve le moyen d'avoir de l'esprit tous les jours, finit par conclure en ridiculisant le nouveau véhicule et le trouvant peu propre à conduire des poètes.

Que vous lui préfériez Pégase, c'est votre droit, mon cher Monsieur Timothée, mais,

Pour moi Phébus est sourd et Pégase est rétif,

j'ajouterai : et pour beaucoup d'autres.

S'il était permis à tous d'enfourcher le cheval ailé des Hugo, des Banville, des Lamartine et consorts, je fabriquerais des Lyres et non des Vélocipèdes.

Ce qui me peine dans votre article humoristique contre le Vélocipède, c'est d'abord le peu de connaissance que vous avez de l'instrument, et vous en donnez la preuve dans ce passage qui reproduit l'opinion de quelques Hippocrates parisiens, qui, sans aucun doute, n'ont rien à envier au fameux docteur Sangrado, de Valladolid. Voici ce que vous dites :

« Il existe enfin des médecins qui soutiennent « que cet exercice continuel des jambes, impri-

« mant aux roues une impulsion par leur mouve-
« ment interrompu, n'est pas sain.

« Dans la marche, tout le corps est en loco-
« motion.

« En même temps que la jambe fonctionne,
« que le pied *s'échauffant sur le sol subit par ce*
« *contact une sorte de sinapisme naturel qui dégage*
« *la tête et ramène le sang du cerveau à nos extré-*
« *mités*, en même temps aussi *les bras flottent*, le
« corps suit l'impulsion générale, les fonctions
« se diversifient en se multipliant.

« Le Vélocipède, *qui fatigue les jambes*, laisse
« le corps inerte et oblige le pied à un mouve-
« ment monotone et toujours le même, qui fatigue
« une partie de la machine humaine en laissant
« les autres dans une dangereuse immobilité. »

S'il existe des médecins parlant un pareil langage, c'est peu flatteur pour ceux qui les ont
instruits.

Je tiens à répondre à ce fragment, qui heureu-
sement pour M. Timothée Trimm, n'est que l'expression fidèle de l'opinion des Hippocrates de sa
connaissance. La robuste santé dont il jouit ne

permettra pas de longtemps à ces dangereux amis de lui offrir les ressources de leur ministère. C'est ce que je lui souhaite de bon cœur.

Je réponds en disant : si les jambes impriment aux roues une impulsion, il s'agit de savoir de quelle manière.

Tout le monde sait que le Vélocipède dont on se sert aujourd'hui est muni de pédales, tout le monde excepté les honorables médecins qui ont donné une consultation à notre excellent chroniqueur.

Si ces hommes érudits avaient su que la jambe mettait une pédale en mouvement et maintenait ce mouvement absolument comme un ouvrier tourneur maintient l'impulsion donnée à son tour en appuyant du pied sur la pédale, ce qui lui fait faire un mouvement élastique de la jambe, peu pénible puisqu'il le continue douze heures par jour sans pour cela être dispensé de recommencer le lendemain.

S'ils avaient su cela, ils auraient compris qu'il n'y a pas de contact *du pied avec le sol*, par conséquent pas de frottement, pas d'échauffement, pas de **sinapisme.** — Très-joli le sinapisme. — De plus, les bras ne *flottent pas*. Regardez-donc passer le premier vélocipédiste venu et vous verrez si ses bras flottent : ils reposeront simplement sur sa traverse directrice, à moins qu'il ne lui prenne fantaisie d'allumer un cigare, ce qui est excessivement facile à faire tout en continuant sa course.

« Dans la marche *tout le corps est en locomo-* « *tion* » disent les disciples de Gallien — et plus bas :

« Le Vélocipède qui fatigue les jambes laisse « **le corps inerte,** etc. » Voici qu'il est inerte et non en locomotion. Et des phrases d'une logique aussi contradictoire se tirent à 264,450 exemplaires le samedi 4 juillet 1868 ! !

Le 4 juin 1868, soit trente jours avant l'article de M. Timothée Trimm, j'avais remis à son adresse, à la librairie du *Petit Journal,* un exemplaire d'un opuscule intitulé : **Le Vélocipède,** *sa structure, ses accessoires indispensables, le moyen d'apprendre à s'en servir en une heure,* par **A. Favre,** fabricant à Voiron (Isère). J'avais même laissé une courte lettre à l'adresse de

M. Léo Lespès, le priant de prendre la défense de ce nouveau locomoteur dont on venait d'interdire l'entrée au bois de Boulogne à partir de midi.

Je laissai en outre vingt exemplaires de l'opuscule à la librairie du *Petit Journal* pour y être vendus au profit des pauvres (1).

Je regrette infiniment que la modeste brochure de 23 pages in-16 n'ait pas attiré l'attention de notre spirituel écrivain quotidien, elle lui aurait fourni certains renseignements utiles lorsqu'on veut parler d'un instrument que l'on ignore.

Cette brochure ayant été faite dans le but de propager l'instrument en le faisant connaître et non dans un but de réclame intéressée.

Si M. Timothée Trimm préférait des renseignements puisés à la capitale, — car à Paris les provinciaux ne sont pas en grande estime, — il n'avait qu'à se rendre au Gymnase Paz, qu'il doit connaître puisqu'il nous l'a fait connaître par un article très-flatteur et justement mérité. M. Timothée y

(1) Je n'avais pas avec moi une plus grande quantité d'opuscules.

aurait vu des Vélocipèdes, et l'aimable propriétaire aurait fourni sur ce véhicule des renseignements concernant la question hygiénique bien différents de ceux donnés par les médecins de la capitale. Notez en passant que je donne souvent la préférence aux conseils donnés par un gymnasiarque sur la question d'hygiène à ceux donnés par les médecins.

Si je me suis permis de répondre à cette phrase de M. Léo Lespès, sans être ni littérateur ni médecin, c'est plutôt parce qu'il nous dit franchement que c'est l'opinion de certains médecins que parce qu'il paraît l'adopter lui-même.

Je connais plus de vingt médecins se servant du Vélocipède, je dirai même que les internes de l'Hôtel-Dieu de Lyon s'en servent avec une facilité et une adresse remarquables.

Aucun d'eux ne trouve cet exercice fatigant, loin de là, ils le reconnaissent très-salutaire à la machine humaine ; ils y gagnent en force, en agilité, en appétit et naturellement en santé.

Les chirurgiens de la marine, à Toulon, et plusieurs lieutenants de vaisseau sont du même avis.

Il est évident que l'homme impotent ou paresseux ou infatué de sa personne et de sa fortune ne se servira pas d'un Vélocipède.

L'homme impotent restera chez lui ou se fera traîner par un cheval s'il veut respirer un peu d'air pur.

Le paresseux, ennemi de tout mouvement, s'alongera mollement dans une calèche et regardera les passants derrière le brouillard de fumée d'un londrès.

Celui qui, fier d'un gros lot, tient à montrer les panneaux de sa voiture, rehaussés d'un blason venant d'on ne sait où, celui là, dis-je, sera le dernier à combattre le Vélocipède qui peut effrayer ses chevaux et troubler un instant sa digestion difficile par suite de l'émotion qu'il éprouve à la vue d'un danger exagéré. Il veut pouvoir exhiber ses pur sang sans danger, ainsi que ses jockeys bien frisés, bien poudrés, hommes habiles à manier les rênes ; vieux sapajous de cinquante ans, frisés à trois rangs et vêtus de soie rose ou bleue ou verte, ce qui leur donne l'air de ces singes que l'on fait sauter pour tel ou tel nom ; ce n'est pas la chaîne qui leur manque, ils sont habitués dès leur enfance à la porter avec grâce, aisance et facilité, ils s'en consolent en buvant du Suresne que le sommelier a glissé dans le caisson du *Bender*, et pendant qu'ils se réconfortent autour de l'hippodrome, leur illustre maître roucoule des marivaudages dans une tribune, à côté d'une cocotte fraîchement peinte et parfumée.

Pour ces gens là, un Vélocipède sur la route de Longchamp est un point noir dans leur ciel; cette voiture du prolétaire cadre mal dans un tableau d'une aussi riche composition. Retirez-vous, retirez-vous, vélocipédistes, laissez passer les oies du capital ! !

Que les parisiens se rassurent; malgré leur ardent amour de centralisation, ils ne parviendront jamais à centraliser toute la bêtise; je connais en province des personnages au moins ridicules, dédaignant le nom de leur père et l'échangeant contre un sobriquet ayant quelques prétentions à la particule; mettant la fortune bien au-dessus de l'honneur; ce qui leur permet de déshonorer les familles honnêtes et de demeurer en grande

considération dans un pays où l'argent seul en
mérite; amoureux de mascarade, sachant fort
bien vêtir leurs valets avec des gilets couleurs de
homard ébouillanté et se faire traîner par quatre
chevaux : ces animaux intelligents auront bien de
la peine dans leurs vieux jours à retrouver l'occasion de traîner autant de sottise infatuée d'orgueil.

A Toulouse, Marseille, Carcassonne, Montpellier,
Nîmes, Avignon, Lyon, Chambéry, Grenoble,
Valence, etc., on pense différemment et les promenades ne sont pas interdites aux Vélocipèdes : Bien
au contraire, je connais des comtes, vicomtes et
marquis, ne dédaignant par cet exercice et le pratiquant en dépit des rieurs ou des mécontents.

Pendant huit mois, je me suis promené seul dix
jours par mois tous les soirs à Marseille sur mon
Vélocipède. On n'en avait jamais vu et cela semblait
très-extraordinaire.

J'entendais dire autour de moi : Que cela doit
être fatigant! Oh! il se cassera le cou un jour!
Tè, vè, qué fénouméno !

Un soir, je rentrais, deux jeunes gens m'accostent
et me demandent quelques renseignements sur la

manière de monter le Véloce, je les leur donne ; ils me prient de leur en procurer deux, je les leur fis confectionner ; un mois après ils étaient de ma force, et six mois plus tard j'avais vendu 100 Vélocipèdes à Marseille. Valence et Marseille ont donné l'exemple à tout le midi de la France.

Personne encore ne s'est cassé le cou et personne n'est mort de fatigue. Ce qui n'empêche pas aux chevaux de s'emporter et de renverser les passants ; mais, que voulez-vous, on en a l'habitude.

Je conclus en disant que la routine est l'ennemi le plus acharné de la science et que dans toutes les classes de la Société on trouve des amis de la routine ; mais aussi on y trouve également des amis du progrès, c'est à ces derniers que je dédie cette nouvelle édition, qu'ils reçoivent cette dédicace comme le témoignage de ma reconnaissance pour les conseils et les encouragements qu'ils m'ont prodigués.

A. FAVRE.

LE VÉLOCIPÈDE

Le nom de cet instrument en indique très-bien le but qui consiste à aller rapidement au moyen des pieds.

L'ancien Vélocipède, vulgairement appelé *cheval de bois*, était utilisé par les ouvriers charrons pour parcourir les grandes routes et faire ainsi, rapidement et à peu de frais, l'indispensable tour de France, alors que la vapeur n'était pas employée avec tant de profusion et n'avait pas encore rapproché, par les facilités de communication, les points les plus éloignés.

Le cheval de bois se composait de deux roues placées l'une à la suite de l'autre, munies chacune d'une fourchette, l'une verticale, celle de devant ; l'autre oblique, celle de derrière. Entre les deux circonférences des roues se trouvait une traverse reliant les deux fourchettes, laquelle traverse était garnie d'un coussin sur lequel on se mettait à cheval et en équilibre. Les pieds reposaient à terre et par leur effort le cavalier donnait à l'instrument une impulsion qui lui permettait de franchir plusieurs mètres lorsque la route était unie et plane. En renouvelant cette impulsion au moyen de coups de pieds donnés à terre, on acquérait une grande vitesse et il va sans dire que, lorsque le plan était incliné et la pente rapide, l'instrument descendait de son propre poids avec une vitesse que le cavalier pouvait toujours modérer en appuyant les pieds à terre et faisant résistance ; ce cheval pesait environ 20 kil. Lorsque les rampes à franchir se présentaient on le mettait sur le dos avec le sac de voyage ou bien on le faisait rouler à côté de soi.

Le Vélocipède, dont l'usage se répand aujourd'hui dans toutes nos villes avec un rare entrain, n'est autre que le primitif cheval de bois auquel on a apporté des modifications telles qu'il est permis, au moyen de cet instrument, de franchir, sur nos routes impériales, de 12 à 14 kilomètres à l'heure sans se fatiguer. Je fabrique trois dimensions de Vélocipède pour hommes :

La première, pour les hommes de petite taille, mesure de 0,85 à 0,90 centimètres de diamètre à la roue de devant.

La deuxième dimension, pour les hommes de taille moyenne, mesure 0,95 centimètres de diamètre à la roue de devant.

La troisième dimension, pour les hommes de haute stature, mesure 1 mètre de diamètre à la roue de devant.

L'homme petit, mais agile, peut marcher aussi vite sans fatigue avec un véloce de 0,90 que son émule d'une taille plus élevée sur un véloce d'un mètre, cela est prouvé et se prouve chaque jour. Il ne faut pas de la force pour acquérir de la vitesse, mais bien de l'agilité et de la souplesse ; c'est pourquoi les enfants sont souvent plus habiles que les hommes.

En ce moment, je confectionne pour enfants des Vélocipèdes d'un modèle très-réduit et d'une simplicité primitive, tout en laissant à l'instrument la légèreté, l'élégance et la solidité qu'il réclame pour être confié à de jeunes enfants.

J'espère l'établir dans des conditions de prix très réduites et par cela même répandre son usage dans la génération nouvelle, sachant par expérience que lorsqu'on sait se servir du Vélocipède on ne peut plus s'en passer. Pour preuve, je pose cette question, certain d'avance que tous les amateurs répondront par la négative.

Existe-t-il un vélocipédiste un peu habile qui ait abandonné le vélocipède pour cause d'inconvénients graves occasionnés par son usage ?

Lorsqu'on possède la pratique du Vélocipède à pédales, il est facile de gravir les rampes telles qu'elles se présentent sur les grandes routes sans que pour cela on soit obligé de descendre et de le conduire par la main. Si, cependant les rampes sont trop longues ou que le cavalier soit fatigué, il est facile de conduire le vélocipède par la main, ce qui n'est pas pénible, et l'on conserve toujours la vitesse d'un cheval au pas. Mais si l'on veut se munir

d'une ceinture de gymnastique et fixer à la tige de devant
du véloce une courroie venant s'accrocher à la boucle de
la ceinture, le cavalier alors fera l'effort avec les reins
en même temps que son pied poussera la pédale et le
poids seul de son corps appuyant sur la ceinture lui permettra de franchir des rampes de 10 centimètres par
mètre.

Le Vélocipède moderne se compose de deux roues placées l'une à la suite de l'autre et espacées d'environ cinq
centimètres. La roue de devant mesure ordinairement
0,90 centimètres et celle de derrière 0,80 centimètres.
La roue de derrière étant moins élevée permet au ressort
qui unit les deux fourchettes de se cintrer gracieusement
et de recevoir une selle qui, par le fait du cintre, ne se
trouve pas à plus de 0,85 centimètres du sol, ce qui permet au cavalier d'une taille moyenne de pouvoir poser à
terre la pointe du pied et souvent le pied tout entier.

Lorsque le cavalier sera habile, il devra faire dres-
ser et tremper son ressort; de cette façon il sera dans

une position plus gracieuse et plus commode, mais aussi plus élevée.

La roue de devant étant conductrice, son moyeu est muni de deux pédales mesurant de 16 à 18 centimètres de longueur ; cette dimension varie suivant le diamètre de la roue que les pédales ont à commander. Chaque pédale est munie d'un étrier. Il y a des étriers de différentes formes, mais je préfère l'étrier en forme de prisme triangulaire large de 0,08 centimètres et d'un diamètre de 0,06 centimètres ; le pied est alors toujours certain de rencontrer une surface plane, car l'étrier étant mobile, tourne sur un axe qui est placé perpendiculairement à la pédale. Les pédales sont placées en sens inverse c'est-à-dire que lorsque l'une descend l'autre monte. Elles sont fixées à l'axe du moyeu de la roue de devant, lequel axe tourne entre deux coussinets en bronze qui font partie de la fourchette attenante à cette même roue. Cette fourchette, qui s'élève devant le cavalier, est terminée par une traverse munie de deux poignées et sur laquelle le cavalier met les mains ; c'est au moyen de cette traverse qu'il dirige la roue de devant. J'ajouterai que cette partie du Vélocipède est pour beaucoup dans la question d'équilibre, car il suffit de diriger légèrement la roue à droite ou à gauche pour rétablir l'équilibre lorsque le cavalier est sur le point de le perdre.

Au milieu de la traverse et sur l'axe même de la fourchette qui commande la roue de devant est placée une petite poulie fixe à laquelle est adaptée une courroie, cette courroie commande le frein. Par un effort du poignet, on peut, en faisant tourner la traverse en avant, entraîner cette courroie qui, elle même, entraîne une fourchette placée au-dessous du ressort qui supporte la selle ; cette fourchette ayant un point d'appui sur le corps de l'instrument en s'élevant d'un côté, s'abaisse de l'autre, il arrive que du côté où elle s'abaisse elle rencontre la roue de derrière et comme on a eu soin de terminer cette fourchette par une plaque d'acier maintenue par deux boulons, la susdite plaque d'acier en s'appuyant sur la roue de derrière en diminue la vitesse ou en arrête complètement la marche suivant la volonté de celui qui tourne la traverse en avant.

Cette description aurait besoin pour être plus compréhensible d'être accompagnée de quelques figures, mais le cadre restreint de cette petite brochure ne permet pas de faire ce complément presque indispensable.

Je prierai donc les amateurs de jeter un simple coup d'œil sur les nombreux Vélocipèdes qui sillonnent les routes avoisinant les grandes villes et, à l'aide des quelques explications ci-dessus et de celles qui vont suivre, ils se rendront bientôt un compte exact de toutes les pièces qui composent cet instrument utile et agréable.

Le Vélocipède étant connu, je vais parler des accessoires indispensables dont il faut être pourvu en voyage et des précautions à prendre afin de n'éprouver aucun inconvénient. Je ne négligerai pas de citer les cas généraux dans lesquels le Vélocipède ne peut avoir d'utilité, car il ne faut pas se le dissimuler : ce n'est ni en tout temps, ni en tout lieu qu'on peut se servir de cet instrument.

DES CONDITIONS INDISPENSABLES
POUR VOYAGER AGRÉABLEMENT EN VÉLOCIPÈDE.

Il est essentiel de voyager sur des routes dures ; il faut autant que possible que le terrain soit sec et qu'il n'y ait pas beaucoup de boue, surtout de boue épaisse.

Sur une route nouvellement chargée et par ce fait couverte de gravier, je ne conseillerai pas de voyager, à moins que l'empierrement ne soit pas fait d'une manière générale ; alors on choisit son chemin et lorsqu'on est habile on peut passer dans les parties de la route non empierrées.

En temps de neige, je conseille à l'amateur de laisser son Vélocipède en repos et de se servir d'un traîneau attelé d'un bon cheval, si toutefois sa position financière lui permet ce luxe.

La selle placée sur le ressort plat qui relie les deux fourchettes doit être rembourrée en crin animal ou bien encore on peut la garnir d'un coussin élastique renfermant de l'air comprimé.

J'ai remarqué que le coussin à air comprimé ne vaut absolument rien pour faire de longues routes : l'élasticité du coussin finit par établir un frottement du pantalon sur la peau et alors il y a *sinapisme* pour me servir de l'expression médicale des amis de M. Timothée Trimm.

La selle doit être mobile, c'est-à-dire que le dessous étant en tôle, il est urgent qu'il y soit adapté une coulisse encadrant le ressort et pouvant circuler d'un bout à l'autre dudit ressort, de l'avant à l'arrière de l'instrument. Au moyen d'une vis à main on arrête la selle au point qui convient au cavalier. Les uns aiment à être placés en avant, d'autres en arrière, cela dépend de la dimension des jambes du cavalier.

Il y a des selles avec dossier, ce qui fait que lorsqu'on a un effort à faire pour pousser les pédales en avant, on peut s'appuyer sur le dossier de la selle et ce sont les reins qui font l'effort de concert avec la jambe.

Je trouve à ce système un inconvénient pour les débutants. En effet, lorsqu'on débute on a besoin de descendre lestement de dessus le Vélocipède ; si le dossier de la selle est trop élevé, il arrive que la jambe a de la peine à franchir l'obstacle. Je conseille donc simplement la selle plate à ceux qui débutent.

Derrière la selle et sur le ressort, je mets une planchette munie de deux courroies d'un mètre au moyen desquelles on peut lier une petite valise de voyage.

Cette planchette est mobile comme la selle et peut s'enlever au besoin si le cavalier n'a pas lieu de s'en servir.

Contre la traverse de devant et entre les deux poignées, j'y adapte une petite poche en peau dans laquelle on peut mettre la burette à huile, une clef Samuel, les cigares, les allumettes et une foule de petits objets dont on a besoin en route.

J'ai omis de dire que chaque branche de la fourchette de devant est munie d'une boîte à graisser qui se trouve percée sur le coussinet en bronze.

Les trous de ces boîtes à graisser sont taraudés et bouchés hermétiquement par une vis en cuivre à tête ronde percée. Le coussinet de dessus est muni d'un réservoir contenant 20 grammes d'huile.

La roue de derrière est munie d'un graisseur intérieur en bronze qui tourne sur l'essieu. Ce réservoir graisseur contient 100 grammes d'huile, il suffit donc de remplir les boîtes à huile tous les quinze jours pour avoir toujours son instrument en bon état. De la manière dont la boîte et la conduite sont disposées, il ne peut y avoir aucune communication entre l'huile et le moyeu en bois.

Il est urgent également de laver les roues au moins une fois la semaine, surtout dans les pays chauds.

Derrière le porte lanterne, se trouve un petit bassinet communiquant avec la douille dans laquelle se meut la tige conductrice de la roue de devant. Il faut chaque semaine mettre quelques gouttes d'huile dans ce petit bassinet, elles s'écoulent rapidement sur la tige motrice et en maintiennent le jeu qui doit être très doux.

Parmi les objets de première nécessité, je classe les molletières en toile caoutchoutée qui se placent et se fixent à la jambe au moyen d'un ressort d'acier, il faut une seconde pour les placer, autant pour les enlever, et de cette façon on est certain, pendant le trajet, de ne pas graisser ses pantalons (1).

Dans toutes les grandes villes de France il se forme des sociétés d'amateurs et les jours de réunion on voit se

(1) J'ai toujours un assortiment de jambières à 8 fr. la paire.

distinguer les plus habiles. On forme des quadrilles, des cercles, on joue aux barres, enfin la série d'exercices possibles sur le Vélocipède n'a pas de limites. En pratiquant une heure par jour on devient assez habile pour diriger la roue de devant au moyen des pieds seulement; ce qui fait que sur une route sans accident de terrain les deux mains ont leur pleine et entière liberté ; et cela après deux mois d'exercice au plus.

Contester l'utilité et les agréments du Vélocipède serait contester l'utilité et les agréments de la gymnastique, il me suffira de dire que le Vélocipède est adopté dans toutes les écoles de gymnastique à Paris, à Lyon et à Marseille.

La question hygiénique est aujourd'hui résolue malgré le raisonnement de certains routiniers qui jugent un instrument qu'ils ne connaissent pas. Lorsqu'on est habile on ne se fatigue pas et l'on fait un exercice des plus salutaires à toutes les parties du corps.

Plusieurs médecins de mes amis, amateurs Vélocipèdistes, par conséquent, ayant jugé par expérience, m'ont proposé de me faire, dans cette brochure, un article concernant le Vélocipède appliqué à la gymnastique et à l'hygiène, je les en remercie, la manière dont se répand l'usage d'un objet qui triple la vitesse de marche de l'homme et diminue la fatigue qu'il se donnerait en marchant prouvera en peu de temps qu'il n'y a pas d'objections logiques et raisonnées à opposer à l'usage du Vélocipède.

Il ne faut pas être bachelier ès-science pour savoir qu'un poids quelconque est plus facile à manier en le mettant sur un véhicule roulant qu'en le portant à la force du jarret.

Beaucoup de personnes feraient l'acquisition d'un Vélocipède si elles avaient d'avance la certitude d'apprendre promptement à le manœuvrer et cela sans risquer de choir d'une façon malheureuse, ce qui fait rire une classe de badauds dont je parlerai bientôt. Je croirais donc manquer à mon devoir si je n'indiquais ici le moyen d'apprendre *dans une heure au plus* à se servir d'un Vélocipède.

Il est évident qu'au bout d'une heure l'élève ne sera pas de première force, mais au moins il saura se tenir en équilibre et manœuvrer ses pédales. L'habileté, en cela comme en toutes choses, est le résultat de la pratique.

Avant de donner ce procédé très-simple, je vais me permettre encore quelques conseils que j'adresse aux jeunes gens qui sont désireux de faire usage de l'instrument dont je cherche à répandre l'usage.

Je leur recommanderai de se promener le moins possible dans les rues d'une grande ville et d'éviter les voies charretières avant d'avoir atteint une grande habileté.

En effet, le Vélocipède ne fait pas de bruit et il peut se faire que des véhicules arrivant par les rues latérales à celles que l'on parcourt, viennent se heurter sur le promeneur, ce dernier n'ayant pas été entendu et ne pouvant faire supposer sa présence.

Je recommanderai également à Messieurs les cochers, de considérer le Vélocipède comme une voiture et de lui laisser assez de place pour circuler, ce qui n'arrive pas toujours.

La nuit il en est du Vélocipède comme d'une voiture, il doit être muni d'une lanterne s'il est monté par son cavalier.

MOYEN D'APPRENDRE EN UNE HEURE
A SE SERVIR D'UN VÉLOCIPÈDE.

Il faut choisir sur une grande route ou dans une propriété une pente douce suivie d'une plaine. L'élève doit se placer, au début, à environ 20 mètres en amont de la plaine, mettre son Vélocipède en arrêt au moyen du frein et l'enfourcher bravement, sans appréhension et avec cette sécurité que doit lui donner le frein dont la force de levier permet d'arrêter l'instrument instantanément, peu importe la pente ou la vitesse acquise. Il doit saisir les deux poignées de la traverse, et une fois bien assis, *les jambes pendantes, les pointes des pieds sur le sol ou aussi près du sol que la longueur de la jambe le permet*, il faut qu'il desserre son frein et laisse tranquillement son instrument courir les 15 ou 20 mètres de pente douce qu'il a à parcourir. Le Vélocipède, entraîné par son propre poids et celui de son cavalier se met à rouler avec une vitesse, qui augmente en raison de la longueur de la course, mais qu'il est toujours facile de modérer au moyen du frein. J'ai dit que les jambes devaient être abandonnées, pendantes et je recommande à tout débutant de ne jamais mettre les pieds sur les étriers avant d'avoir préalablement acquis l'équilibre d'après le moyen que j'indique.

Si l'instrument, pendant cette petite course, penche à droite ou à gauche, l'élève n'a rien à redouter puisque la pointe du pied droit ou du pied gauche est assez près du sol pour l'empêcher de choir; mais s'il observe bien, il verra que l'équilibre s'obtient au moyen de la traverse de devant sur laquelle ses mains reposent.

En effet, si votre corps tend à pencher à droite, vous vous apercevrez qu'en faisant légèrement dévier la roue de devant à droite, l'équilibre est rétabli; il en est de même sur la gauche. Il faut donc toujours diriger sa roue du côté où l'on penche et cela est tellement rationnel que soit à cheval, soit sur un Vélocipède, tout cavalier doit s'incliner dans le centre du cercle qu'il veut décrire, s'il veut garder son centre d'équilibre. Ce petit mouvement de droite à gauche et de gauche à droite doit être peu sensible car, s'il en était autrement, au lieu d'aller en ligne droite on suivrait une ligne sinueuse formée de courbes à gauche et à droite.

Lorsque l'élève aura descendu les 15 ou 20 mètres de pente, il arrivera sur la surface plane et, malgré lui, parcourra encore quelques mètres par l'impulsion qu'aura acquise le Vélocipède pendant la courte descente.

Il recommencera cette opération jusqu'à ce qu'il sache parfaitement diriger sa roue de devant au moyen de la traverse et qu'il n'ait plus besoin de donner du pied à terre. Ordinairement on y arrive facilement dans une demi-heure, c'est-à-dire après avoir effectué une dizaine de fois la petite descente.

Une fois ce premier résultat obtenu, l'élève enfourche de nouveau son Vélocipède en ayant soin de mettre sa roue de devant dans une position telle que la pédale droite se trouve placée en haut. Il place son pied gauche à terre et son pied droit sur la pédale droite. Un ami complaisant tient le Vélocipède par derrière et l'élève appuyant sur la pédale droite qui se trouve en haut la fait abaisser, et par ce fait met la roue de devant en mouvement. Aussitôt que la pédale droite se trouve en bas, la pédale gauche se présente en haut, c'est alors que le pied gauche doit venir, à son tour, appuyer en avant sur l'étrier gauche et la jambe droite, ayant donné son impulsion, doit remonter morte avec la pédale sans appui pour ne pas neutraliser la pression opérée par le pied gauche.

Le pied doit être placé sur l'étrier de telle façon que le talon touche l'étrier, la cambrure seule de la botte doit être sur l'étrier et tout l'avant du pied rester sans appui. C'est seulement la plante du pied qui fait l'effort, et c'est en effet cette partie du pied qui a le plus de force et supporte l'homme lorsqu'il est debout.

Ce deuxième exercice doit être fait sur un terrain plat ou sur un plan très-peu incliné. En un quart d'heure on arrive à manier les pédales sans qu'il soit besoin de tenir le Vélocipède, car la question d'équilibre a été résolue par l'élève dans le premier exercice que je lui ai conseillé.

Après cela qu'ai-je à ajouter comme démonstration, fort peu de chose. Cela devient une affaire de pratique, on fera beaucoup d'efforts au début pour parcourir peu de chemin, on mouillera sa chemise, et cela, parce que pendant huit jours la jambe droite appuyera trop longtemps sur la pédale et neutralisera l'effet de la jambe gauche et *vice-versâ*. Mais je garantis une chose, c'est qu'aucun élève ne se dégoûtera de ce genre d'exercice aussi hygiénique qu'il est utile pour raccourcir les distances, car les progrès sont sensibles chaque jour.

J'atteins mon huitième lustre et je suis amateur passionné de cet instrument. Comment cela m'est-il venu ? Je vais vous le dire :

J'habite Voiron et j'avais assez souvent l'occasion d'aller dans la petite ville de T......, le pays le plus charmant de l'Isère, situé à 12 kilomètres de Voiron.

J'y vis pour la première fois, il y a deux ans, un homme de cinquante ans environ parcourant, avec une vitesse et une aisance toute particulière, la route qui conduit de Voiron à T...... J'appris que M. P..., le propriétaire de cet instrument, y avait par goût apporté beaucoup de modifications et avait une passion toute particulière pour ce genre d'exercice. Connaissant le caractère, les goûts artistiques et la position sociale de M. P..., je réfléchis que le Vélocipède n'avait pas été suffisamment apprécié de tous, et la simplicité de l'appareil m'engagea beaucoup à en faire l'essai. J'en fis confectionner un et je me mis en devoir d'apprendre à le manœuvrer. Mais je n'avais là personne pour me donner aucune indication, j'ai dû chercher pendant plusieurs jours et c'est pour vous éviter tous les désagréments que j'ai eus, que j'ai pris le soin de vous adresser ces quelques lignes, chers lecteurs, afin de sortir de votre esprit toute appréciation et toute crainte de chute.

Depuis un an, je vais à T...... chaque semaine sur mon Vélocipède, il me faut trois quarts d'heure pour franchir les 12 kilomètres qui m'en séparent; j'économise tout simplement la location d'une voiture et la nourriture d'un cheval. J'y gagne un appétit féroce et une santé excellente ; c'est ce que je souhaite à tous ceux qui en feront usage, certain d'avance que mes vœux seront exaucés.

La Provence, qui est exceptionnellement favorisée d'un climat magnifique, d'un ciel bleu parfois trop persistant, verra un jour ses enfants la sillonner en tous sens au moyens des Vélocipèdes. Je dois dire que déjà plusieurs fils de familles avantageusement connues à Marseille m'ont honoré de leur confiance et les résultats ont confirmé mon attente. En peu de temps, ils ont été très-habiles et me remercient chaque fois que j'ai le plaisir de les voir, de l'agrément que je leur ai procuré. A Vizille, à Grenoble, cet exercice est tellement répandu qu'il est difficile de parcourir une route sans rencontrer des vélocipédistes.

Il est prouvé qu'une fois habile on peut pendant huit jours consécutifs franchir 100 kilomètres par jour en prenant largement le temps nécessaire aux repas et au repos (1). Il y a peu de chevaux capables de résiter à des courses semblables. Loin de moi la pensée de comparer l'homme au cheval et de l'obliger à lutter physiquement, je constate seulement une chose, c'est qu'il est permis de pousser très-loin l'exercice du Vélocipède et chacun en prend suivant la mesure de ses forces et de ses désirs.

Lorsqu'un débutant fera ses premiers exercices, qu'il évite de les faire en public. Où le Vélocipède est peu connu, les gens qui n'en ont aucune idée sont toujours préalablement portés à rire de ceux qui en font les premiers essais.

Dans le pays que j'habite, j'ai vu des gens très-sérieux rire de mes premiers essais infructueux ; j'ai remarqué que les gamins garnissaient de pierres énormes la route

____

(1) M. Carcanade, de Castres, a franchi 74 kilomètres en six heures vingt-cinq minutes, le 7 juillet 1868, soit la distance qui sépare Castres de Toulouse. M. Carcanade avait à peine deux mois de pratique.

qui conduit de chez moi à la ville (pardon j'allais dire au village et cela me serait permis car notre ville ou village industriel compte 11 à 12 mille âmes, mais nous n'avons pas encore *une* école primaire laïque *gratuite* pour les filles et nous n'avons pas davantage *une* école *gratuite laïque* pour les garçons. Tout viendra avec le temps, espérons-le) (1).

(1) Depuis la première édition de cette brochure on nous a doté d'une Madone en cuivre repoussé, laquelle Madone protégera cette cité progressiste du haut de la montagne qui la domine. Vous voyez que les écoles laïques n'écloront pas de bientôt dans ce pays béni.

Espérons que le besoin d'un miracle se fera bientôt sentir. Alors on frappera des médailles et un petit commerce lucratif viendra récompenser d'aussi généreux efforts.

Schaunard, ce joyeux bohème de Mürger, écrivait une mélodie sur l'influence du bleu dans les arts, sous peu vous verrez que Voiron trouvera un séminariste compositeur pour lui écrire une mélodie ayant pour titre : *De l'influence du cuivre repoussé sur l'esprit des populations.*

En attendant le père de famille pauvre sera toujours contraint de confier ses enfants à ceux qui font vœu de chasteté ; ceux-là seuls connaissent le secret de la bonne instruction ; les tribunaux nous le prouvent assez souvent.

Laissons les rieurs de côté, persuadés que nous sommes de rire à notre tour, et si des gens trop graves nous regardent vaciller sur le ressort et chercher notre équilibre, que ces gens graves n'ôtent rien à l'envie que nous avons de réussir. Si un léger sourire de dédain s'échappe de leurs lèvres, sourions à notre tour et disons avec Larochefoucault que la gravité est un mystère du corps inventé pour cacher les défauts de l'esprit.

Avant de terminer, je viens faire une dernière recommandation aux étourdis qui, ne doutant de rien et ayant acquis une certaine habileté sur l'instrument que je préconise, iraient se promener sur les grandes routes sans s'inquiéter des gens qui moins ingambes ou plus paresseux se font conduire par de bons chevaux, lesquels chevaux quelquefois s'effraient d'un homme montant un Vélocipède. Je les prie donc de regarder à l'avance si le cheval qui vient devant eux fait mine de s'effrayer, ce qui se voit facilement à la manière dont l'animal dispose ses oreilles et, dans ce cas, je les supplie au nom de l'humanité de mettre de suite pied à terre, ce qui rassure immédiatement tout cheval qui n'a jamais vu un instrument de ce genre monté par un homme. Un accident est vite arrivé, mais on doit le prévenir, et l'individu qui se conduit lui-même est beaucoup plus maître de lui que la personne qui confie sa vie à un animal qu'elle conduit au moyen de deux lanières de cuir.

Je vais essayer de terminer sans plus digresser, ce qui me sera difficile, car n'ayant pas l'habitude d'écrire j'aime assez profiter de la circonstance et dire le plus possible ce qui s'offre à ma pensée.

J'ai dit plus haut que la Provence est appelée à voir sur son terrain se multiplier le Vélocipède, j'ajouterai que les routes y sont généralement bien entretenues et que le plaisir des amateurs y sera bien favorisé.

Les routes avoisinant Marseille et les promenades exceptionnelles que possède cette ville favorisée sous beaucoup de rapports sont excessivement accessibles aux vélocipédiste.

Le chemin du Prado, celui de la corniche, qui offre à la vue d'un artiste les sites les plus riches et les plus variés, sont des chemins de marbre sur lesquels j'ai le plaisir de voir circuler les Vélocipèdes par centaines.

Je quitte le rivage phocéen et me dirige dans le Var et les Alpes Maritimes. Quel pays plus beau à parcourir seul ou en compagnie mais avec la possibilité d'aller vite ou lentement, d'observer ou de franchir l'espace. De Cannes à Nice, il y a mille riens très intéressants à voir et que la voie ferrée ne permet pas d'observer.

Je laisse aux contemplateurs de la nature le soin d'achever ma réflexion, je suis certain d'être compris.

Parlerai-je encore des pays qu'arrose la Loire, de cette plaine immense qui commence à Orléans et se termine par une autre plaine qui se nomme l'Océan. D'Orléans à Nantes, voici le voyage que je me propose de faire, si le temps me le permet, et ce parcours procure à l'observateur la possibilité de refaire tout un cours d'histoire.

Je ne terminerais jamais si je voulais dire tout ce que je me propose de voir et de faire au moyen de ces deux roues placées l'une devant l'autre, mais ce qu'il y a de certain c'est que plus d'un amateur dira après moi que je n'ai pas promis beaucoup pour faire naître seulement des illusions.

Excusez-moi donc, lecteur, si j'ai trop parlé, je vous donne en compensation le moyen de vous servir d'un instrument qui fait le désespoir de ceux qui ne savent pas le monter.

Dans l'espace d'un an j'ai construit deux mille Vélocipèdes, je ne veux ici entrer dans aucun détail car la confection des roues seulement est un travail d'art qui demande beaucoup de soin, de précision dans l'ajustage et doit offrir toutes les garanties de solidité désirables. Le Vélocipède se compose d'environ 35 pièces, ce chiffre indiquera seul la difficulté que présente l'ajustage d'une machine aussi simple mais exigeant autant de précision.

Un amateur distingué de Paris a fait une notice sur le véloce, fort bien écrite et très intéressante, je l'ai lue avec infiniment de plaisir.

Il recommande le Vélocipède à une foule d'administrations telles que celles des Postes, des Télégraphes et il a mille fois raisons, mais il a compté sans la routine, cet ennemi du progrès.

Le français *né malin* tourne de suite en ridicule ce qu'il n'a pas l'habitude de faire ou de voir faire.

Si on lui supprimait son chapeau à tuyau, véritable condensateur de la transpiration, pour le coiffer en été d'un chapeau japonais, cette ombrelle couvre-chef, d'une légèreté incomparable, qui tient à la tête par une simple courroie et permet à l'air de circuler sur la tête, ce qui fait que l'évaporation est constante et la tête toujours fraîche, il rirait à se tordre les côtes et se croirait en plein carnaval. Rien n'est plus logique cependant et, dussent en rire tous les Français, je me sers en été du chapeau japonais, et au moyen de cet auxiliaire, je ne suis jamais gêné par la transpiration. J'y adapte une housse en calicot blanc qui se serre au moyen d'un cordon et lorsqu'une housse est sale je la remplace par une propre. J'ai avec cela un chapeau propre éternellement et remplissant toutes les conditions voulues pour me mettre à l'ombre et permettre à l'air de communiquer avec mon crâne.

Après tout, je préfère le chapeau japonais au bonnet à poil dont on a la fureur d'affubler nos sapeurs, nos grenadiers et enfin une partie de l'armée française, je ne vois pas que les hommes aient l'air plus terrible, je vois seulement qu'ils suent et je suis certain qu'ils se passeraient volontiers de cette coiffure ridicule qui effraie tout au plus les nourrissons.

Je reviens à la brochure anonyme de l'amateur parisien et je dis avec lui : Il est beaucoup de localités se trouvant à 3 ou 4 lieues d'un bureau expéditeur et on se demande pourquoi ces télégrammes sont portés par des hommes à pied. Je dis avec lui que le Vélocipède est le complément des moyens rapides.

Le facteur rural devrait depuis longtemps être muni de ce véhicule. On m'objectera qu'il a souvent de mauvais chemins à parcourir ou bien des terres labourées à traverser. Je repondrai qu'avant d'arriver dans les lieux impraticables au Vélocipède, il a toujours plusieurs kilomètres à franchir sur les grandes routes ou les chemins vicinaux ; arrivé au passage difficile, il dépose son instrument dans une ferme ou l'appuie contre une haie et fait à pied ce qu'il ne peut faire sur un Vélocipède.

Où cet instrument a une utilité incontestable, c'est dans les usines éloignées des grandes villes. Je vais citer un fait à l'appui de ce que j'avance.

Il y a quelques années, je me trouvais chez un fabricant de papier dont l'usine est située à 6 kilomètres de Voiron. Un malheureux contremaître se laissa prendre le bras dans un engrenage de laminoir et les secours les plus prompts étaient nécessaires. On va de suite à l'écurie, pas de chevaux ! les équipages étaient en route pour la gare avec un chargement. On court chez le voisin pour lui emprunter un cheval, mais pour aller chez ce voisin il faut faire en courant deux kilomètres, atteler et aller à la ville chercher le médecin.

S'il y eut eu là un Vélocipède, en 15 minutes on était à Voiron et le blessé recevait des secours presque immédiats.

MM. Peyron frères, fabricants de papiers à Vizille, ont tellement compris l'importance de cet instrument qu'ils en ont six et que tous leurs employés et eux mêmes s'en servent très habilement pour franchir les quelques kilomètres qui les séparent de Vizille.

Dans une année, a en juger par ce qui s'est fait en 1867, tout le monde sera convaincu et alors, administrateurs, industriels et particuliers utiliseront le Vélocipède.

Chaque ville du Midi donne à son tour des courses de Vélocipèdes et suit en cela l'exemple donné à Saint-Cloud le 31 mai dernier.

Des paris s'engagent et chaque jour les amateurs prouvent qu'il est facile de franchir de longs parcours. Il ne faut cependant pas abuser des luttes et je suis complètement de l'avis du spirituel anonyme qui, à l'issue de la course qui eut lieu le 7 juillet de Castres à Toulouse, et dans laquelle un Vélocipède luttait de vitesse avec un cheval, écrivait les vers suivants dont je ne reproduits qu'un passage ; c'est le Vélocipède qui parle :

> Pourquoi lundi dernier luttions-nous de vitesse,
> Mon beau cheval si plein d'ardeur ?
> Ce n'est ni bon sens ni sagesse,
> La lutte est toujours un malheur ;
> Apprenons mieux à nous connaître,
> Suivant les caprices du maître

Ne nous laissons pas entraîner,

On perd plus qu'on n'y veut gagner ;

Que chacun de nous s'utilise

Pour ce qu'il vaut,

Et que chacun marche à sa guise,

C'est ce qu'il faut.

Sois le coursier dans la bataille.

Portant sur ton dos les soldats

Qui frappent d'estoc et de taille

Les carrés qui ne bougent pas.

Traîne la voiture élégante

D'où la cocotte nonchalante

Attire le petit crevé ;

Un autre sort m'est réservé !

Et sans qu'à ta vie rien ne change,

Sans que je marche sur tes pas,

Moi qui jamais ne bois ni mange,

Je serai le cheval de ceux qui n'en ont pas.

A. G.

Le Vélocipède en province n'a pas encore été l'objet d'un arrêté de police, mais cela ne peut tarder.

Je demande qu'il soit assimilé aux voitures et que les égards dus à une voiture lui soient dus.

De leur côté, les vélocipédistes devront se munir de lanternes la nuit et suivre en tous points les règlements imposés aux voitures.

Les commissaires de police voient généralement cet instrument d'un mauvais œil et leurs observations ne sont pas toujours justes ni fondées. J'en connais un entr'autres qui permet aux voitures de jardiniers et de blanchisseuses de passer sur une certaine promenade où il est également permis de se faire casser les jambes et la tête par les joueurs de boules ; mais si un malheureux vélocipédiste s'aventure sous les platanes il est sûr d'être apostrophé sévèrement ; menacé d'un procès-verbal en vertu de je ne sais quel arrêté, car il n'y en a pas, et cela dans un langage émaillé d'f... et de b... que c'est..... comme un bouquet de fleurs. Il paraît que l'on n'est pas tenu d'avoir eu le premier prix de rhétorique pour devenir commissaire de police.

Il est donc urgent de faire des arrêtés, et une fois que l'on connaîtra les décrets de la police on ne demandera pas mieux que de s'y conformer ; nous en avons tellement l'habitude que c'est *comme qui dirait* une seconde nature.

J'ai omis de démontrer l'utilité du Vélocipède dans le commerce. Que de négociants pourraient, au moyen de ces nouveaux véhicules, faire explorer, par de jeunes employés, les localités qui les avoisinent. Que de temps de gagné et de frais d'économisés !

L'axiome anglais sera toujours vrai :

Le temps c'est de l'argent.

Et cet instrument n'a point d'autre but que d'économiser du temps : son utilité est universelle.

Je construits des Vélocipèdes sur demande , m'engageant à l'avance à les livrer remplissant toutes les conditions désirables et accompagnés de tous les accessoires.

Chaque Vélocipède est muni de sa selle.

Le luxe s'introduit partout, à plus forte raison dans un instrument nouveau.

Ainsi je fais des Vélocipèdes :

Construits en fer fin, ressort acier corroyé, roues accacias et chêne, poignées noyer à fr. 225 ;

Construits en fer fin, ressort acier corroyé, roues accacias et chêne, poignées ébène, à fr. 230;

Construits en fer fin, poli non peint, ressort acier corroyé, poignées ébène, à fr. 300 ;

Construits en fer fin, poli non peint, ressort acier corroyé, poignées ivoire, à fr. 350;

Construits en fer fin, poli et étamé, à poignées ébène,
à fr. 350.

Vélocipède-école construit en fer fin, y compris les
roues, fr. 160; à l'usage des écoles de Gymnastique.

Toutes mes modifications sont brevetées, j'en préviens
les copistes, car il y un an, tous les carrossiers riaient de
cette nouvelle voiture, mais aujourd'hui chacun veut en
faire, en copiant bien entendu.

Pour les Vélocipèdes dont le corps est en fer fin poli,
les roues seulement sont peintes, tout le reste est du fer
ou de l'acier poli.

Le poids total est de 28 à 29 kil.

Toute personne qui fera l'acquisition de 10 Vélocipèdes
jouira d'une remise de 10 %.

Je crois devoir donner ici un prix détaillé des accessoires du Vélocipède. Ils ne sont pas absolument indispensables, mais ils ont leur utilité.

Molletières en toile caoutchoutée . . . . F. 8

Lanterne à reflecteur. 10

Clef Samuel. 7

Planchette avec courroies pour valise. 6

Selle à troussequin. 15

Burette à huile 3

Chapeau japonais avec housse 15

Je reçois à Voiron environ trois dépêches télégraphiques par semaine. Ces télégrammes coûtent fr. 2 50 à l'expéditeur par la raison que, dans cette ville de douze mille âmes, il n'y a pas de bureau télégraphique lorsque Vizille, une petite ville de deux mille âmes, en possède un: Il y en aurait tant d'autres à citer.

J'étais sur le point, dans l'intérêt de tous, de provoquer une demande respectueuse au Conseil municipal; mais au moment ou j'allais prier quelques contribuables de souscrire avec moi cette humble supplique j'ai dû reculer.

C'était à l'époque du conseil de révision, cette année, et le jour où M. le préfet a honoré Voiron de sa visite; une autre liste de souscription bien plus autorisée que la mienne circulait.; On était prié de souscrire pour 1 franc. Voulez-vous savoir dans quel but ? le voici — c'était simplement pour offrir un punch à M. le préfet.

J'aurais eu bien mauvaise grâce de provoquer une dépense de la commune dans un moment de gêne aussi complète et j'ai pensé qu'il existe une grande différence entre les caisses des communes et celles de la Banque de France.

. . . .
. . . .

Demandeurs, vous êtes bien prévenus, il n'y a pas de bureau télégraphique à Voiron; or, toute dépêche passant par la gare vous coûtera fr. 2 50. Mieux vaut écrire, je réponds courrier par courrier.

Les personnes habitant Lyon et désireuses de faire l'acquisition de mes instruments pourront se présenter rue Serviant 19, à mon magasin, qui est situé à côté des ateliers de MM. Guigue frères, constructeurs en serrurerie, et de ceux de M. C. Perrousset, mécanicien, c'est avec ces Messieurs que j'ai contracté et la construction de mes instruments se fait dans leurs ateliers.

Le Vélocipède se termine à Voiron, c'est également dans cette ville que s'y fait la sellerie et la peinture. Tous les Vélocipèdes sont essayés avant d'être peints, ce qui permet de les livrer dans de bonnes conditions.

Je recommande la clef Samuel n° 1, qui permet de dévisser tous les écrous et de démonter en route tout un Vélocipède et de le remonter. Cette clef *Samuel* est très portative et se met également dans la poche de devant avec la burette à huile.

Je crois en avoir dit suffisamment pour rassurer les pusillanimes et en avoir dit assez pour renseigner ceux qui connaissent imparfaitement le Vélocipède ou qui désirent apprendre à s'en servir.

Pour toute demande,

écrire franco à M. A. FAVRE à Voiron (Isère).

www.ingramcontent.com/pod-product-compliance
Ingram Content Group UK Ltd.
Pitfield, Milton Keynes, MK11 3LW, UK
UKHW020949120726
13693UKWH00004B/1625